### Spaß im Glas?
### Ja bitte!

So richtig viel zum Auslöffeln gibt's für Sie auf den folgenden Seiten. Lassen Sie sich von dieser »Peepshow« in der Küche animieren. Ob heiß, ob kalt, flüssig oder fest, fast alles lässt sich in Gläser einfüllen und schichten. Als Appetizer, Gaumenschmeichler, Gruß aus der heimischen Küche, Vorspeise, Salat, Zwischengericht oder Dessert. Gesunde, frische Kost mit viel Fantasie und spielerisch zubereitet, macht Spaß und ist eine Freude für Augen und Magen!

AUF DEM TITELBILD SEHEN SIE
DAS REZEPT MARTINI ZUM LÖFFELN
VON SEITE 11

## SCHICHT FÜR SCHICHT HEISS

BEEINDRUCKEN SIE MIT NEUEN
MULTI-KULTI-AROMA-KREATIONEN
BEI FAMILIENFESTEN, COCKTAILPARTIES,
STEHEMPFÄNGEN, BRUNCHS,
EINWEIHUNGSFEIERN ...

## SÜSSE SCHICHTARBEIT

ALLE 5 REZEPTE AUF EINEN STREICH:
ÜBERRASCHEN SIE EINMAL IHRE GÄSTE
MIT EINEM DESSERTBÜFETT IN MINIPORTIONEN
– MAN GÖNNT SICH JA SONST NICHTS!

# KLEINE
# GLASFOOD-KUNDE

WER HAT DIESEN KULINARISCHEN
TREND ERFUNDEN?

WELCHE SPEISEN EIGNEN SICH
FÜR DIE NEUE FOOD-ARCHITEKTUR?

 KANN ICH GLASFOOD GUT VORBEREITEN?

HILFE, ICH BRAUCHE VIELE GLÄSER,
WAS TUN?

 WIE VIEL BRAUCHT MAN DENN PRO PERSON,
WENN ES ESSEN AUS DEM GLAS GIBT?

Verrines – so heißen die Speisen, die in Gläschen serviert werden, in Frankreich. Von dort kommt auch dieser kulinarische Trend. Bekannte Patissiers in Paris, z. B. Pierre Hermé, Jean-Paul Hevin oder Fauchon, servierten vor einigen Jahren ihre Desserts in dieser neuen transparenten Form. Ob Mousse, Früchte, Crème brûlée … **Schicht für Schicht** entsteht eine sehr appetitliche, optisch ansprechende Konstruktion. Große Küchenchefs begannen ebenfalls, kleine, feine Speisen als Vorspeise, Zwischengang oder Dessert in transparenten Mini-Portionen zu servieren. Dieser »Nude-Look« hat auch den Vorteil, dass man mehrere Gerichte probieren kann, weil die Portionen nicht so groß sind.

Eigentlich alle Gerichte, heiß oder warm, können gut in Gläsern serviert werden. Bei warmen Zubereitungen ist allerdings darauf zu achten, dass die Gläser hitzefest sein müssen. Von kleinen Speisen für Aperitif, Büfett, Stehempfang oder Brunch über Gaumenschmeichler, Vorspeisen, kleine Hauptgerichte und Salate bis zum Dessert: Alles passt in die Gläschen. Sieht attraktiv aus, man hat sofort den **kulinarischen Durchblick**, und der Kreativität sind fast keine Grenzen gesetzt.

Gerade für große Feiern und Partys eignen sich die »Verrines« gut. Für einen Empfang können mehrere Rezepte **vorbereitet**, bereits in Gläschen eingefüllt und kalt gestellt werden. Die Gläser sollten allerdings mit Folie abgedeckt werden. Kurz bevor die Gäste kommen, die Gläschen bunt gemischt auf einem Tablett oder auf großen Tellern anrichten und mit frischen Kräutern, Blüten oder Früchten dekorieren.

Einfache, günstige Weinprobier- oder Teelichtgläser eignen sich gut für die kleinen Portionen. **Alternativ** zu Glas werden auch Plastik»gläschen« in verschiedenen Größen und Formen angeboten.

Die Rezepte sind immer für 6 **Portionen** konzipiert, Sie servieren also eine normale Vorspeisen- oder Dessertmenge in einem Glas von 200–250 ml Inhalt. Bei kleineren Portionen reicht dieselbe Menge für 12 Gläschen von 100–125 ml. So können Sie die Rezeptmengen halbieren, 2 kleine Vorspeisen servieren, 3 Mini-Desserts etc. Der Vielfalt und Ihrer Fantasie sind keine Grenzen gesetzt – es hängt immer von der **Glasgröße** ab!

# GLÄSER UND ARBEITSGERÄTE

Schicht für Schicht entsteht ein Kunstwerk, das im Glas sichtbar bleibt. Arbeiten Sie spielerisch und lassen Sie sich von frischen Lebensmitteln, Kräutern, Gewürzen und essbaren Blüten inspirieren.

**1 GLÄSER** Generell eignen sich alle Gläser, die in Ihrem Glasschrank stehen: Sektflöten, Dessertschalen, Champagnerkelche, Eisbecher, Likör-, Martini-, Whisky-, Wein-, Wasser-, Bowlen- und sogar Cognacgläser. Besonders schön sind auch die grazilen orientalischen Teegläschen. Für warme Speisen sind dickwandige Teelichtgläser gut, Teegläser oder Eiergläser. Bauhaus-Fans nehmen gerne den Design-Klassiker »Eierkoch« von Wilhelm Wagenfeld aus den 30er-Jahren. Für Gerichte aus dem Backofen (z. B. Crumbles) sollte das Glas feuerfest sein, dafür gibt es gläserne Auflaufförmchen.

**2 ALTERNATIVEN** Die Low-Budget-Variante wären einfache Joghurtgläschen oder kleine Einmachgläschen mit Bügelverschluss. Oder warum nicht Omas alte Marmeladen- und Einmachgläser aus dem Keller holen? Diese Gläser sind zudem noch relativ robust und eignen sich auch für Zubereitungen im Backofen. Leere Joghurtgläschen mit Deckelchen oder verschließbare Gläser sind besonders praktisch für Picknick, Gartenparty, Strandparty oder Kindergeburtstag. Und wenn es wirklich mal ganz viele Portionen werden sollen, gibt es durchsichtige Plastikbecher mit und ohne Standfuß zu kaufen.

### 3 DAS PASST REIN

- Shooter, Schnapsglas . . . . . . . . . . . . . . . 50 ml

- Likörglas . . . . . . . . . . . . . . . . . . . . . 50–100 ml

- Aperitif (Becherglas) . . . . . . . . . . . . . . . 80 ml

- Cocktailglas . . . . . . . . . . . . . . . . . . 60–100 ml

- Martiniglas . . . . . . . . . . . . . . . . . . . . . . 150 ml

- Longdrinkglas . . . . . . . . . . . . . . . 200–300 ml

- Whiskyglas . . . . . . . . . . . . . . . . . . 150–300 ml

- Tumbler . . . . . . . . . . . . . . . . . . . . . . . . 250 ml

- Margaritaglas . . . . . . . . . . . . . . . . 200–250 ml

- Weinglas . . . . . . . . . . . . . . . . . . . . 150–250 ml

### 4 HILFSMITTEL ZUM EINFÜLLEN Eigentlich

brauchen Sie recht wenige Utensilien. Und ein wenig Handfertigkeit – das schaffen Sie auch! Damit nichts schief oder daneben geht, hier einige Tipps: Für halbflüssige Konsistenzen wie Cremes, Mousses und Pürees eignet sich ein Spritzbeutel mit verschiedenen Aufsätzen. Alternativ geht das auch mit einem Gefrierbeutel, dem man die Spitze abschneidet. Zum Schichten von Gemüse- oder Früchtewürfeln, Reis und Couscous ist ein kleiner Mokkalöffel für kleine Gläser, ein Longdrinklöffel für große praktisch. Für flüssige Speisen und Saucen: Ein Trichter oder Messbecher mit Ausgießer zum sauberen Portionieren tut sehr gute Dienste. Und last but not least für ganz Penible: zum genauen Dosieren oder um Farbtupfer zu setzen mit farbigen Sirups, Alkoholika oder anderen Flüssigkeiten eine Pipette verwenden.

# COOL
## GESCHICHTET

edel und fruchtig

# THUNFISCH-
## MANGO-TATAR

300 g Thunfischfilet in Sushiqualität ++ 1 kleine Schalotte ++ 1 Mango (am besten Thai-Mango) ++ 1/2 Bio-Limette ++ 1/2 rote Chilischote ++ 1–2 EL Sojasauce ++ 1–2 TL dunkles Sesamöl ++ Zucker ++ 1 EL Korianderblättchen ++ 1 TL Sesamsamen ++ einige Korianderblätter für die Dekoration

----

**Für 6 Personen** | Zubereitung **20 Min.** | Pro Person ca. **165 kcal, 11 g EW, 10 g F, 8 g KH**

----

**1** Den Thunfisch häuten und sehr fein würfeln. Die Schalotte schälen und in kleine Würfel schneiden. Die Mango mit einem Sparschäler schälen und zwei Drittel des Fruchtfleischs fein würfeln. Restliche Mango in feine Scheiben schneiden. Die Limette heiß waschen, abtrocknen und die Schale fein abreiben. Den Saft auspressen. Die Chilischote waschen, putzen, Kerne und Trennwände entfernen und fein hacken.

**2** Thunfischwürfel mit Schalotte, Mangowürfeln, Limettenschale, 1–2 EL Limettensaft und Chilischote vermischen. Sojasauce und Sesamöl untermengen und mit etwas Zucker abschmecken. Korianderblättchen fein hacken und unterheben. Die Sesamsamen in einer Pfanne trocken rösten und beiseitestellen.

**3** Das Thunfischtatar auf die Gläser verteilen. Mit Mangospalten dekorieren, mit Sesam bestreuen und mit Korianderblättchen dekorieren.

macht was her

# MARTINI
## ZUM LÖFFELN

**Für den Krabbencocktail:**
2 EL Mayonnaise
1 EL Crème fraîche
1 EL gehacktes Basilikum
2 EL gehacktes Koriandergrün
180 g geschälte,
   gegarte Krabben
Salz | Pfeffer

**Für die Guacamole:**
2 reife Avocados
Saft und Schale
   von 1/2 Bio-Zitrone
einige Tropfen
   Tabasco-Sauce
Salz | Pfeffer

**Für die Tomatensauce:**
4 Tomaten
1 EL gehacktes Basilikum
1 EL trockener Martini
1 EL Olivenöl
Salz | Pfeffer
einige Tropfen Tabasco
einige Basilikumblätter
   für die Dekoration

---

**Für 6 Martinigläser** | Zubereitung **25 Min.** | Pro Glas ca. **245 kcal, 7 g EW, 23 g F, 1 g KH**

---

**1** Für den Cocktail Mayonnaise und Crème fraîche mit Basilikum und Koriandergrün mischen. Krabben unterheben und mit Salz und Pfeffer abschmecken.

**2** Für die Guacamole die Avocados halbieren und entsteinen. Das Fruchtfleisch mit einem Löffel aus der Schale lösen, mit Zitronensaft beträufeln und mit dem Pürierstab pürieren. Mit Zitronenschale, Tabasco, Salz und Pfeffer abschmecken.

**3** Die Tomaten kreuzweise einritzen, mit heißem Wasser überbrühen und häuten. Tomaten halbieren, entkernen und mit dem Pürierstab pürieren. Basilikum, Martini und Olivenöl untermischen und mit Salz, Pfeffer und Tabasco abschmecken.

**4** Den Krabbencocktail auf die Martinigläser verteilen. Eine Schicht Guacamole darübergeben, dann die Tomatensauce und mit je 1 Basilikumblatt dekorieren.

# CAPRESE

aroma-
tisch und
fruchtig

## MIT PESTO UND ZITRONAT

4 Tomaten
4 getrocknete Tomaten
Salz | Pfeffer
50 g schwarze, entsteinte Oliven
1/2 Bio-Zitrone
1–2 TL Aceto balsamico
1 TL Zitronat
50 g Pesto (Fertigprodukt)
2 EL Pinienkerne
200 g Büffel-Mozzarella (1–2 Kugeln)

**Für 6 Gläser à 200 ml** | Zubereitung **25 Min.** | Pro Glas ca. **175 kcal, 9 g EW, 13 g F, 6 g KH**

**1** Tomaten waschen, vierteln und entkernen, in kleine Würfel schneiden. Getrocknete Tomaten fein hacken, beides mischen. Mit wenig Salz und Pfeffer würzen.

**2** Oliven fein hacken. Zitrone heiß abwaschen, abtrocknen, etwas Schale abreiben und mit Oliven und Aceto balsamico mischen. Zitronat fein hacken und mit dem Pesto mischen. Pinienkerne in einer heißen Pfanne ohne Fett rösten. Mozzarella in knapp 1 cm feine Scheiben schneiden.

**3** Die Zutaten in die Gläser schichten: Zuerst Olivenmasse, dann 1 Mozzarellascheibe, Tomatenwürfel, Mozzarellascheibe, Olivenmasse usw. Mit 1 Mozzarellascheibe abschließen. Diese mit der Pestomischung bestreichen und mit gerösteten Pinienkernen bestreuen.

KANN ICH DAS PESTO
DURCH FRISCHES BASILIKUM
ERSETZEN?

Jawohl: 4 EL Basilikum-
blättchen fein hacken und
mit 1 EL Olivenöl vermi-
schen.

# BÜNDNER TATAR
## MIT PORTULAK

Schweizer Inspiration

1 EL getrocknete Steinpilze
200 g Bündner Fleisch am Stück
30 g Walnusskerne
150 g Portulak

**Für das Dressing:**
1 TL mittelscharfer Senf
1 EL Quittengelee
1 EL milder Apfelessig
2 EL Öl
1 EL Walnussöl
Pfeffer | Salz

**Für 6 Gläser à 200 ml** | Zubereitung **25 Min.** | Pro Glas ca. **145 kcal, 12 g EW, 10 g F, 3 g KH**

**1** Die Steinpilze mit heißem Wasser bedecken und 15 Min. ziehen lassen. Das Bündner Fleisch in kleine Würfel schneiden. Walnüsse grob hacken. Portulak waschen und trocken schleudern. Die Steinpilze in ein Sieb geben, mehrmals mit Wasser abspülen, trocken tupfen und fein würfeln.

**2** Für das Dressing Senf, Quittengelee, Apfelessig, Öl und Walnussöl mit dem Pürierstab aufmixen und mit Pfeffer und wenig Salz abschmecken.

**3** Bündner Fleisch, Steinpilzstücke, Walnüsse und Portulak abwechselnd in die Gläser schichten und mit der Salatsauce beträufeln.

**ORIENT-VARIANTE:**
Mischen Sie unter die Steinpilzwürfel 1 EL getrocknete Berberitzen und 1 EL gehackte Pistazienkerne und ersetzen Sie das Quittengelee durch Granatapfelsirup. Die Zutaten finden Sie im türkischen Lebensmittelladen.

erfrischend indisch

# GURKENRAITA
## MIT GERÖSTETEM FLADENBROT

1 Salatgurke
1 Frühlingszwiebel
1 kleine Chilischote
1 Knoblauchzehe
1 Stück frischer Ingwer (ca. 3 cm)
350 g Joghurt

2 TL Zitronensaft
gemahlener Kreuzkümmel
Salz | Pfeffer
2 Chapati (indische Brotfladen, im Asialaden)
1 TL Butter
1 TL Schwarzkümmelsamen

---

**Für 6 Gläser à 200 ml** | Zubereitung **25 Min.** | Ruhezeit **2 Std.**
Pro Glas ca. **300 kcal, 9 g EW, 6 g F, 51 g KH**

---

**1** Die Gurke schälen, halbieren und entkernen. Mit einer Reibe grob raspeln. Gurkenraspel in ein Sieb geben und 10 Min. abtropfen lassen, gut ausdrücken.

**2** Die Frühlingszwiebel putzen. Die Chilischote waschen, putzen und entkernen. Knoblauchzehe schälen. Zwiebel, Chilischote und Knoblauchzehe fein hacken. Ingwer schälen und reiben. Gurkenraspel, Zwiebel, Chili, Knoblauch und Ingwer mit Joghurt und Zitronensaft mischen. Mit 1–2 Prisen Kreuzkümmel, Salz und Pfeffer abschmecken, mindestens 2 Std. kalt stellen.

**3** Den Backofen auf 180° vorheizen (Umluft nicht geeignet). Die Chapati mit Butter bestreichen und mit Schwarzkümmelsamen bestreuen. Im Ofen ca. 5 Min. rösten. Fladen in kleine Stücke brechen. Die Gurkenraita auf die Gläser verteilen und Fladenstücke über das Glas legen.

## KANN MAN EINE RAITA NUR AUS GURKE ZUBEREITEN?

Nein. Fast jedes fein gewürfelte Gemüse passt sehr gut. Lecker und gesund ist auch eine Mischung aus Tomaten, Möhren und Gurken.

# WASABI-MOUSSE
## MIT RÄUCHERLACHS

ingwer-würzig

1/2 Bio-Zitrone
120 g geräuchertes Lachsrückenfilet, am Stück
1 TL feine Schnittlauchröllchen
1 TL gehackter Dill
2 Blätter weiße Gelatine
150 g Joghurt

100 g Crème fraîche
2 TL Wasabi-Paste
Salz | Pfeffer
100 g Sahne
2 TL eingelegter Sushi-Ingwer
einige Halme Schnittlauch
und etwas Dill zum Garnieren

**Für 6 Gläser à 200 ml** | Zubereitung **25 Min.** | Ruhezeit **2 Std.**
Pro Glas ca. **190 kcal, 8 g EW, 17 g F, 2 g KH**

**1** Die Zitrone heiß abwaschen und abtrocknen. Schale fein abreiben und Saft auspressen. Das Lachsfilet klein würfeln und mit Schnittlauch, Dill, 2 EL Zitronensaft und Zitronenschale mischen.

**2** Gelatine in kaltem Wasser einweichen und tropfnass bei kleiner Hitze in einem Topf schmelzen. Flüssige Gelatine mit 3 EL Joghurt verrühren, diese Mischung mit Crème fraîche mit einem Schneebesen unter den restlichen Joghurt rühren. Mit Wasabi, 2 EL Zitronensaft, Salz und Pfeffer würzen. Die Sahne steif schlagen und unter die Masse heben.

**3** Lachs und Mousse abwechselnd in die Gläser schichten. Mit der Mousse abschließen. Für 2 Std. kühl stellen. Vor dem Servieren Sushi-Ingwer in Streifen schneiden und die Gläschen damit und mit Kräutern garnieren.

# EIERTÜRMCHEN
## MIT GRANATAPFEL AUF SALAT

orienta-
lisch

6 Eier
1/2 Bund glatte Petersilie
100 g gemischte verzehrfertige Blattsalate
40 g Mandelstifte | 1 Granatapfel

**Für das Dressing:**
je 2 EL Crème fraîche und Mayonnaise

1 EL Zitronensaft
etwas abgeriebene Schale einer Bio-Zitrone
1 Döschen Safranpulver (0,1 g)
1/2 TL gehackte Pfefferminze (siehe Tipps)
2 Prisen gemahlener Kreuzkümmel
1 Msp. Harissa (siehe Tipps)
1 Prise Zimtpulver | Salz | Pfeffer

------------------------------------------------------------

**Für 6 Gläser à 200 ml** | Zubereitung **25 Min.** | Ruhezeit **2 Std.**
Pro Glas ca. **195 kcal, 10 g EW, 15 g F, 5 g KH**

------------------------------------------------------------

**1** Eier in ca. 10 Min. hart kochen, kalt abschrecken. Petersilie waschen, trocken schütteln, grob hacken, mit den Blattsalaten mischen und auf die Gläser verteilen. Für das Dressing alle Zutaten verrühren und pikant abschmecken. Mandelsplitter in einer Pfanne ohne Fett goldgelb rösten und abkühlen lassen. Granatapfel halbieren. Über einer Schüssel mit einem Kochlöffel auf die Frucht schlagen, sodass die Kerne in die Schüssel fallen.

**2** Eier schälen, in Scheiben schneiden, auf den Salat setzen und abwechselnd mit Granatapfel-kernen und Mandelstiften auftürmen. Jede Lage mit ein wenig Dressing beträufeln. Zum Schluss restliche Granatapfelkerne und Mandelsplitter darüberstreuen und mit Dressing beträufeln. Dazu passt knuspriges Baguette.

### TIPPS
Statt frischer Minzen kann man auch getrocknete aus dem Teebeutel nehmen. Harissa bekommt man im Orientladen. Als Ersatz kann Tabasco verwendet werden.

# CHAI-PFIRSICHE

fruchtig cremig

## MIT ZIEGENKÄSE UND RUCOLA

3 Pfirsiche
200 ml Pfirsichsaft bzw. -nektar
1 TL Chai-Marsala
   (Gewürzmischung für indischen Tee)
1 TL Currypulver

**Für die Frischkäsecreme:**
150 g Ziegenfrischkäse
2 TL gehackte Petersilie
1/2 TL frischer Ingwer, fein gerieben

1/2 Knoblauchzehe, fein gehackt
Salz | Pfeffer
100 g Rucola

**Für das Dressing:**
1 EL weißer Aceto balsamico
2 EL Mandelöl oder neutrales Öl
Salz | Pfeffer
2 EL Cashewkerne, grob gehackt

---

**Für 6 Gläser à 200 ml** | Zubereitung **35 Min.** | Pro Glas ca. **165 kcal, 7 g EW, 10 g F, 11 g KH**

---

**1** Die Pfirsiche waschen, halbieren und entkernen. Pfirsichsaft, Chai-Gewürz und Curry in einem Topf zum Kochen bringen. Pfirsiche darin bei schwacher Hitze ca. 10 Min. garen. Aus dem Sud nehmen, abkühlen lassen, häuten und würfeln. Den Sud sirupartig einkochen und abkühlen lassen.

**2** Für die Käsecreme alle Zutaten mischen und mit etwas Sirup zu einer glatten Creme verrühren, mit Salz und Pfeffer abschmecken.

**3** Pfirsichwürfel auf die Gläser verteilen, Käsecreme darübergeben. Rucola waschen, trocken tupfen und putzen. Dekorativ über die Creme häufen und mit dem Dressing und kaltem Sirup beträufeln. Cashewkerne trocken in einer Pfanne rösten und darüberstreuen.

**MEIN SERVIER-TIPP**
Fladenbrot mit Sesam leicht toasten, in schmale Streifen schneiden und über die Gläschen legen.

# SCHICHT
## FÜR SCHICHT
# HEISS

mit
Frische-
kick

# ERBSEN-MINZE-CAPPUCCINO

2 Beutel Pfefferminztee ++ Salz ++ 400 g TK-Erbsen ++ 4 EL Crème fraîche ++ Pfeffer ++
2 EL Pfefferminzblättchen ++ 125 g Sahne ++ 1 TL Currypulver ++ 1 TL Kokosflocken

**Für 6 Gläser à 200 ml** | Zubereitung **30 Min.** | Pro Glas ca. **130 kcal, 4 g EW, 9 g F, 9 g KH**

**1** Die Teebeutel mit 200 ml kochendem Wasser aufgießen und 10 Min. ziehen lassen. Teebeutel
entfernen, den Tee etwas salzen und aufkochen. Die Erbsen hinzufügen und in ca. 8 Min. weich
garen. Durch ein Sieb abschütten, dabei den Sud auffangen. Erbsen mit 3–4 EL Sud im Mixer fein
pürieren, so viel Sud dazugeben, dass eine homogene Masse entsteht. Die Crème fraîche unterrühren und mit Salz und Pfeffer würzen.

**2** Pfefferminze waschen, trocken schütteln und die Hälfte fein hacken. Die Sahne steif schlagen
und Currypulver, Kokosflocken und die fein gehackte Pfefferminze untermengen. Die Erbsencreme
in die Gläser einfüllen. Mit der Sahnehaube garnieren und mit den restlichen Pfefferminzblättchen
dekorieren.

edel und
fruchtig

# SELLERIE-APFEL-SUPPE
## MIT ENTENBRUST

| | |
|---|---|
| 1 Zwiebel | 1/2 l Gemüsebrühe |
| 1 Knoblauchzehe | 200 g Sahne |
| 1 TL frische Zitronenthymianblättchen | Salz \| Pfeffer |
| 200 g Knollensellerie | 12 dünne Scheiben geräucherte Entenbrust |
| 300 g säuerliche Äpfel | 6 getrocknete Apfelringe |
| 2 EL Olivenöl | Zitronenthymian zur Dekoration |
| 50 ml trockener Weißwein | 6 Schaschlikspieße |

**Für 6 Gläser à 250 ml** | Zubereitung **40 Min.** | Pro Glas ca. **230 kcal, 5 g EW, 18 g F, 10 g KH**

**1** Zwiebel und Knoblauch schälen und fein hacken. Zitronenthymian waschen, trocken schütteln und fein hacken. Sellerie und Äpfel schälen, Äpfel entkernen und alles würfeln.

**2** Das Olivenöl in einem Topf erhitzen, Zwiebel, Knoblauch, Sellerie und Apfel dazugeben und 2 Min. anbraten. Mit Wein ablöschen, 1 Min. einkochen lassen. Brühe, Sahne und Zitronenthymian hinzufügen. Bei mittlerer Hitze 20 Min. köcheln lassen. Die Suppe mit dem Pürierstab gründlich pürieren. Mit Salz und Pfeffer würzen.

**3** Auf die Schaschlikspieße jeweils 1 Entenbrust-Scheibe, 1 Apfelring und 1 Entenbrust-Scheibe stecken. Die Suppe in die Gläser füllen, die Spießchen darüberlegen und mit Zitronenthymian dekorieren.

# ASIA-EIER IM GLAS

gut zum Brunch

| | |
|---|---|
| 10 getrocknete Shiitake-Pilze | 1 große Möhre |
| 2 EL getrocknete Mu-Err-Pilze | 1–2 EL Sojasauce |
| 300 ml Hühnerbrühe | 1–2 EL thailändische Fischsauce |
| 1 kleine Chilischote | 1 TL geröstetes Sesamöl | Zucker |
| 1 Knoblauchzehe | 6 Eier |
| 2 cm Ingwer | 2 EL gehacktes Koriandergrün |

**Für 6 ofenfeste Gläser à 200 ml** | Zubereitung **40 Min.**
Pro Glas ca. **225 kcal, 14 g EW, 13 g F, 14 g KH**

**1** Pilze in heißem Wasser ca. 15 Min. einweichen. Einweichflüssigkeit abgießen. Die harten Stiele der Shiitake entfernen und alle Pilze in feine Streifen schneiden. In der Brühe ca. 15 Min. leicht kochen lassen. Pilze abgießen.

**2** Den Backofen auf 170° (Umluft nicht geeignet) vorheizen. Chili waschen, putzen und entkernen. Knoblauch schälen, beides fein hacken. Ingwer schälen und fein reiben. Möhre schälen und grob raspeln. Möhre, Chili, Knoblauch, Ingwer und Pilze mischen. Mit Sojasauce, Fischsauce, Sesamöl und 2 Prisen Zucker abschmecken. Die Masse auf die Gläser verteilen. Die Eier aufschlagen und in jedes Glas 1 Ei gleiten lassen. Mit Koriandergrün bestreuen und mit Alufolie verschließen.

**3** Die Gläser auf ein tiefes Backblech stellen und warmes Wasser bis zur Glasmitte angießen. Im Ofen (Mitte) ca. 10 Min. garen. Wer das Eigelb hart möchte, muss die Garzeit um 2–3 Min. verlängern. Sofort servieren.

# JAKOBSMUSCHELN

## AUF HUMMUS

1 Dose Kichererbsen (400 g)

2 Knoblauchzehen

4 EL Zitronensaft und etwas Bio-Zitronenschale

50 g Tahini (Sesampaste)

1 Bund glatte Petersilie

Salz | Cayennepfeffer

6 große küchenfertige Jakobsmuscheln

1–2 TL Ras-el-Hanout (marokkanische Gewürzmischung; Orientladen)

2 EL Olivenöl

Salz, am besten Fleur de sel

-------------------------------------------------------------------

**Für 6 ofenfeste Gläser à 200 ml** | Zubereitung **25 Min.**
Pro Glas ca. **325 kcal, 21 g EW, 13 g F, 32 g KH**

-------------------------------------------------------------------

**1** Die Kichererbsen abtropfen lassen. Den Knoblauch schälen. Kichererbsen mit Knoblauch, Zitronensaft und Sesampaste zu Hummus pürieren. Etwas heißes Wasser dazugeben, sodass eine geschmeidige Masse entsteht.

**2** Die Petersilie waschen, trocken schütteln und in feine Streifen schneiden. Unter den Hummus mischen. Mit Salz, Zitronenschale und Cayennepfeffer abschmecken. Das Püree in die Gläser füllen und im Backofen bei 150° (Umluft nicht geeignet) 10 Min. warm stellen.

**3** Kurz vor dem Servieren die Jakobsmuscheln auf beiden Seiten in Ras-el-Hanout wenden. Olivenöl erhitzen und die Jakobsmuscheln darin auf jeder Seite ca. 1 Min. anbraten. Auf das Kichererbsenpüree setzen und mit Fleur de sel bestreut servieren.

# MÖHRENCREME
## MIT MANGO UND HÄHNCHEN

Thai-Style

| | |
|---|---|
| 500 g Möhren | Salz |
| 2 cm Ingwer | Zucker |
| 1 Schalotte | 300 g Hähnchenbrustfilet |
| 1 Knoblauchzehe | Pimentpulver |
| 4 EL Erdnussöl | Zimtpulver |
| 250 ml Kokosmilch | Muskatnuss |
| 1 Bio-Limette | schwarzer Pfeffer |
| 1 Mango | 1 rote Chilischote |

**Für 6 Gläser à 200 ml** | Zubereitung **25 Min.** | Pro Glas ca. **170 kcal, 13 g EW, 8 g F, 12 g KH**

**1** Möhren putzen, schälen und würfeln. Ingwer, Schalotte und Knoblauch schälen und fein hacken. 2 EL Erdnussöl in einem Topf erhitzen. Die Möhren mit Ingwer, Schalotten und Knoblauch darin 2 Min. anbraten, dann die Kokosmilch dazugießen. Zugedeckt 10 Min. leicht kochen lassen. Limette heiß abwaschen, abtrocknen, mit einem Zestenreißer die Schale abschälen, den Saft auspressen.

**2** Die Möhrencreme mit dem Pürierstab fein pürieren. Die Mango schälen. Das Fruchtfleisch klein würfeln und eine Hälfte in die Möhrencreme geben. Mit Salz, etwas Zucker und Limettensaft abschmecken. Die Creme im Topf warm halten.

**3** Hähnchenbrust waschen, trocken tupfen und in 2 x 2 cm große Würfel schneiden. Das restliche Öl in einer Pfanne erhitzen und die Würfel darin von allen Seiten kross anbraten. Mit je 1 Prise Piment, Zimt, Muskat sowie Salz und Pfeffer würzen. Chilischote waschen, putzen, entkernen und in feine Ringe schneiden. Möhrencreme in Gläser füllen. Die Hähnchen- und Mangowürfel darauf verteilen. Mit Chili und Limettenschale bestreuen.

# GEMÜSE-CURRY-CRUMBLE

würzig und knusprig

## MIT JOGHURTSAUCE

| | | |
|---|---|---|
| 200 g Möhren | **Für die Streusel:** | **Für die Joghurtsauce:** |
| 300 g Blumenkohl | 50 g Mandeln | 300 g Joghurt |
| 1 rote Paprikaschote | 30 g Pistazienkerne | 2 EL gehackte Petersilie |
| Salz | 150 g Mehl | 1 EL gehackte Pfefferminzblättchen |
| 150 g TK-Erbsen | 80 g Butter | Salz |
| 150 ml Kokosmilch | Salz | Pfeffer |
| 1 TL Currypulver | | |
| 1 TL Garam-Masala | | |
| Pfeffer | | |

---

**Für 6 ofenfeste weite Gläser à 250 ml** | Zubereitung **40 Min.**
Pro Glas ca. **335 kcal, 10 g EW, 21 g F, 28 g KH**

---

**1** Möhren putzen, schälen und in 5 x 1 cm breite Streifen schneiden. Blumenkohl waschen, putzen und in sehr kleine Röschen teilen (es sollten 200 g sein). Paprika putzen, waschen und würfeln. Möhren, Kohl und Paprika in reichlich sprudelnd kochendem Salzwasser 5 Min. blanchieren. Gemüse abtropfen lassen und mit den Erbsen, Kokosmilch, Curry und Garam-Masala mischen. Mit Salz und Pfeffer würzen. Das Gemüse in die Gläser verteilen.

**2** Den Backofen auf 180° vorheizen. Mandeln und Pistazien ohne Fett in einer Pfanne goldgelb rösten, etwas abkühlen lassen und fein hacken. Mit Mehl mischen, Butter in Flöckchen und etwas Salz darüberstreuen und alles mit den Fingern zu feinen Streuseln verarbeiten. Über die Gemüse streuen. Im Ofen (Mitte; Umluft 160°) in ca. 25 Min. goldgelb backen.

**3** Für die Sauce Joghurt, Petersilie und Pfefferminze mischen und mit Salz und Pfeffer würzen. Zum warmen Crumble servieren.

# SÜSSE
## SCHICHTARBEIT

mit Blüten-
aroma

# ORANGEN-DATTEL-DESSERT

4 Orangen ++ 80 g Datteln ++ 2 Stängel Pfefferminze ++ 1 EL Orangenblütenwasser ++ 1 EL Zitronensaft ++ 2 EL Olivenöl ++ 2 EL Mandelstifte ++ 200 g eiskalte Sahne ++ 1/2 TL Zimtpulver ++ 1 Päckchen Bourbon-Vanillezucker

---

**Für 6 Gläser à 200 ml** | Zubereitung **20 Min.** | Ruhezeit **2 Std.**
Pro Glas ca. **240 kcal, 2 g EW, 16 g F, 23 g KH**

---

**1** Die Orangen dick schälen, sodass auch die weiße Haut entfernt wird. Die Orangenfilets zwischen den Trennhäuten herausschneiden. Die Datteln halbieren, entkernen und längs in feine Streifen schneiden. Orangenfilets und Datteln abwechselnd in die Gläser schichten. Pfefferminze waschen, trocken schütteln, Blätter abzupfen und hacken. Mit Orangenblütenwasser, Zitronensaft und Olivenöl mischen. Über das Obst träufeln und mindestens 2 Std. kalt stellen.

**2** Die Mandelstifte ohne Fett in einer Pfanne rösten, abkühlen lassen. Die Sahne mit Zimt und Vanillezucker steif schlagen und in Häubchen auf die Gläser setzen. Mit Mandelstiften bestreuen und gleich servieren.

# SAFRAN-TIRAMISU
## MIT HIMBEEREN UND LITSCHIS

Aromen neu kombiniert

3 sehr frische Bio-Eier (Größe M)
375 g Mascarpone
150 g Sahne
1 Döschen gemahlener Safran (0,1 g)
2 Päckchen Bourbon-Vanillezucker

Salz
150 g Himbeeren
15 Litschis
5 EL Himbeersirup
ca. 15 Löffelbiskuits

**Für 6 Gläser à 250 ml** | Zubereitung **25 Min.** | Ruhezeit **2 Std.**
Pro Glas ca. **760 kcal, 14 g EW, 45 g F, 74 g KH**

**1** Die Eier trennen. Mascarpone, Sahne und Safran verrühren, die Eigelbe unterrühren. Eiweiße mit Vanillezucker und 1 Prise Salz steif schlagen und unter die Mascarponemasse heben. Die Himbeeren verlesen und 6 Stück für die Dekoration beiseitelegen. Die Litschis schälen, entsteinen, klein schneiden und mit Himbeersirup und Himbeeren mischen.

**2** Die Biskuits auf die Gläserform zurechtschneiden und eine Schicht in die Gläser legen. 1 EL Himbeermischung daraufsetzen, Mascarponecreme darübergeben. Nochmal in der Reihenfolge schichten, mit Creme abschließen und mit 1 Himbeere dekorieren. Mindestens 2 Std. kalt stellen.

**TIPP**
Das Tiramisu lässt sich schön vorbereiten! Es kann auch über Nacht abgedeckt kühl gestellt werden. Aber bitte nicht länger, wegen der frischen Eier!

# KOKOSPERLEN
## AUF MARINIERTEN ERDBEEREN

Asia meets Erd-beere

400 ml Kokosmilch

100 ml Milch

2 Stängel Zitronengras

70 g Sago-Perlen (Tapioka-Stärke; Reformhaus)

Salz | 40 g Zucker

2 Päckchen Bourbon-Vanillezucker

500 g Erdbeeren

1 EL Limettensaft

3 EL Orangensirup (gut sortierter Getränkehandel; oder Holundersirup)

-----

**Für 6 Gläser à 250 ml** | Zubereitung **25 Min.** | Kühlzeit **30 Min.**

Pro Glas ca. **130 kcal, 1 g EW, 1 g F, 28 g KH**

-----

**1** Kokosmilch und Milch zum Kochen bringen. Vom Zitronengras die äußeren Blätter entfernen, die Stängel halbieren und mit einem breiten Messerrücken etwas zerquetschen. Mit Sago, 1 Prise Salz, dem Zucker und 1 Päckchen Vanillezucker in die Milch geben. Bei schwacher Hitze unter Rühren ca. 10 Min. kochen lassen. Vollständig auskühlen lassen und das Zitronengras herausnehmen.

**2** Die Erdbeeren vorsichtig waschen. 6 sehr schöne kleine Erdbeeren zur Seite legen. Die übrigen putzen, trocken tupfen, vierteln und mit 1 Päckchen Vanillezucker, Limettensaft und Orangensirup mischen. Auf die Gläser verteilen und mit der Kokosmasse bedecken. Mit den übrigen Erdbeeren dekorieren und abschließend mit Sirup beträufeln.

# GASBRENNER IN DER KÜCHE?

Ja, die gibt es im Haushaltswaren-
geschäft. Mit ihnen kann man prima
die Oberflächen von Desserts und
anderem karamellisieren.

# CRÈME BRÛLÉE
## MIT PASSIONSFRUCHT

klassisch
exotisch

1 Vanilleschote
150 ml Milch | 350 g Sahne
90 g Zucker
6 Eigelb (Größe M)
Muskatnuss, frisch gerieben
6 Passionsfrüchte
6 EL feiner Rohrzucker
12 Kapstachelbeeren (Physalis)
3 EL fein gehackte Pistazienkerne

---

**Für 6 Gläser à 200 ml** | Zubereitung **10 Min.** | Garzeit **70−80 Min.** | Kühlzeit **2 Std.**
Pro Glas ca. **435 kcal, 8 g EW, 23 g F, 35 g KH**

---

**1** Vanilleschote längs aufschlitzen, das Mark herauskratzen und mit Milch, Sahne, Zucker, Eigelben und 1 Prise Muskat gut verrühren. Passionsfrüchte halbieren, das Fruchtfleisch herauslöffeln und durch ein Sieb streichen. Unter die Sahnemasse rühren. Nach Belieben 1−2 TL Kerne untermischen.

**2** Den Backofen auf 100° vorheizen. Feuerfeste Gläser in ein tiefes Backblech stellen und die Sahnemischung einfüllen. Blech bis zur Glashälfte mit Wasser auffüllen und die Masse im Ofen (Mitte; Umluft 80°) in 70−80 Min. stocken lassen. Wenn die Creme fertig ist, fühlt sich die Oberfläche elastisch an. Anschließend bei Zimmertemperatur abkühlen lassen. Wer die Cremes kalt möchte, sollte sie für 2 Std. in den Kühlschrank stellen.

**3** Die Cremes kurz vor dem Servieren mit feinem Rohrzucker bestreuen und mit einem Mini-Gasbrenner karamellisieren. Mit Kapstachelbeeren und Pistazien dekorieren.

# TOBLERONE-MOUSSE
## MIT GRAPEFRUIT

schoko-
ladig
fruchtig

**Für die Grapefruitmarmelade:**

2 Grapefruits

130 g Puderzucker

100 ml frisch gepresster Orangensaft

**Für die Mousse:**

300 g dunkle Toblerone (zartbitter)

2 frische Eier (Größe M)

2 EL Puderzucker

400 g Sahne

---

**Für 6 Gläser à 250 ml** | Zubereitung **40 Min.** | Kühlzeit **3 Std.**

Pro Glas ca. **625 kcal, 7 g EW, 39 g F, 62 g KH**

---

**1** Für die Marmelade die Grapefruits dick schälen, sodass die weiße Haut entfernt wird. Die Grapefruitfilets zwischen den Trennhäuten herausschneiden. Puderzucker mit Orangensaft aufkochen, die Fruchtfilets darin 5 Min. garen. Mit einem Schaumlöffel die Grapefruitstücke herausheben und abtropfen lassen. 6 Filets für die Dekoration beiseitelegen, die anderen auf die Gläser verteilen. Den Sud bei schwacher Hitze zu einem dicken Sirup einkochen lassen und über die Filets geben.

**2** Für die Mousse die Schokolade grob zerkleinern und in einer Schüssel im nicht zu heißen Wasserbad (etwa 60°) schmelzen und glatt rühren. Vom Wasserbad nehmen und 5 Min. abkühlen lassen. Eier mit Puderzucker cremigweiß schlagen und unter die Schokolade mischen. Zimmerwarm abkühlen lassen. Sahne steif schlagen und unter die Schokoladenmasse ziehen. Die Mousse in die Gläser füllen und abgedeckt für mindestens 3 Std. kühl stellen. Mit den zurückgelegten Grapefruitfilets garnieren.

## Liebe Leserin und lieber Leser,

wir freuen uns, dass Sie sich für ein GU-Buch entschieden haben. Mit Ihrem Kauf setzen Sie auf die Qualität, Kompetenz und Aktualität unserer Ratgeber. Dafür sagen wir Danke! Wir wollen als führender Ratgeberverlag noch besser werden. Daher ist uns Ihre Meinung wichtig. Bitte senden Sie uns Ihre Anregungen, Ihre Kritik oder Ihr Lob zu unseren Büchern. Haben Sie Fragen oder benötigen Sie weiteren Rat zum Thema? Wir freuen uns auf Ihre Nachricht!

### Wir sind für Sie da!

Montag – Donnerstag: 8.00 – 18.00 Uhr;
Freitag: 8.00 – 16.00 Uhr
Tel.: 0180 - 5 00 50 54* *(0,14 €/Min. aus
Fax: 0180 - 5 01 20 54* dem dt. Festnetz/
Mobilfunkpreise
E-Mail: können abweichen.)
leserservice@graefe-und-unzer.de

**P.S.:** Wollen Sie noch mehr Aktuelles von GU wissen, dann abonnieren Sie doch unseren kostenlosen GU-Online-Newsletter und/oder unsere kostenlosen Kundenmagazine.

**GRÄFE UND UNZER VERLAG**
Leserservice
Postfach 86 03 13
81630 München

## Die Autorin

**Christina Richon** ist autodidaktische Köchin und Bäckerin mit Leib und Seele. Bereits mit 12 Jahren begann sie, Rezepte zu entwerfen. 2002 kam dann das »Coming-out« als beste Hobbybäckerin Deutschlands bei »Kaffee oder Tee« (SWR). 2005 wurde sie im Rahmen des ZEIT-Wettbewerbs (Wolfram Siebeck) zur besten Hobbyköchin Deutschlands gekürt und erklomm gleichzeitig den »Koch-Olymp« der ARD. Außerdem schreibt sie für Zeitschriften und ist Mitglied bei der Schweizer »Association des Gourmettes«.

## Der Fotograf

**Klaus-Maria Einwanger** ist selbstständiger Fotograf in Rosenheim. Vor Ort und im Ausland arbeitet er für Zeitschriften, Buchverlage und Werbeagenturen. Kreativ setzt er dabei Food-Spezialitäten aus aller Welt perfekt ins Bild. Fürs Foodstyling war **Jens Dittmann** zuständig.

## Bildnachweis

Alle Bilder Klaus-Maria Einwanger, Rosenheim

Die Temperaturangaben bei Gasherden variieren von Hersteller zu Hersteller. Welche Stufe Ihres Herdes der jeweils angegebenen Temperatur entspricht, entnehmen Sie bitte der Gebrauchsanweisung. Bei Elektroherden können die Backzeiten je nach Herd variieren.

© 2008 GRÄFE UND UNZER VERLAG GmbH, München

**Projektleitung:** Stefanie Poziombka
**Lektorat:** Adelheid Schmidt-Thomé
**Korrektorat:** Waltraud Schmidt
**Layout, Typographie und Umschlaggestaltung:** independent Medien-Design, Horst Moser, München
**Illustrationen Seite 4, 48 und U3:** Harold Lazaro, Backyard10, München; außer S. 4 3. v. oben; Betti Trummer, Hamburg
**Satz:** Filmsatz Schröter, München
**Herstellung:** Gloria Pall
**Reproduktion:** Wahl Media, München
**Druck und Bindung:** Druckhaus Kaufmann, Lahr
**Syndication:** www.jalag-syndication.de

ISBN 978-3-8338-1376-4

3. Auflage 2010

GRÄFE
UND
UNZER

*Ein Unternehmen der*
GANSKE VERLAGSGRUPPE

# ÜBER DEN GLÄSERRAND

**1 Das Wort Glas** (von Germanisch glasa »das Glänzende, Schimmernde«, aber auch Bernstein) ist ein amorpher, nicht-kristalliner Feststoff. Glas war dem germanischen Kulturkreis fremd. Als die Germanen das Glas in Form von Perlen und Schmuck von den Römern kennenlernten, benannten sie es mit ihrem heimischen Wort für Bernstein. **2 Revolution** am heimischen Herd dank Jenaer Glas: Mit der Gründung des Jenaer Glaswerkes 1884 begann die Ära des Glasdesigns. Die Visionäre Schott und Zeiss schufen die technischen Voraussetzungen, die bald eine neue Entwicklung von Gebrauchskultur einleiten sollten. In Jena wurde das erste herdtaugliche Haushaltsglas erfunden, und feuerfestes Glas zum Kochen und Backen zog in die Haushalte ein. **3 Eierkoch** für Ei im Glas. Wahrscheinlich der kulinarische Urvater der »Verrines«. Der Bauhauskünstler Wilhelm Wagenfeld entwarf bereits 1933 für Jenaer Glas Designklassiker wie das hitzestabile Ei-Glas, zum Beispiel das gläserne Teeservice oder eben den Eierkocher. **4 Das Glasmuseum** in Passau ist wohl das »schönste Glashaus der Welt« (laut Fried-